L'ENFANT PRODIGUE,

BALLET-PANTOMIME.

L'ENFANT
PRODIGUE,

BALLET-PANTOMIME,

EN TROIS ACTES,

DE LA COMPOSITION

DE M. GARDEL,

MAÎTRE DES BALLETS DE SA MAJESTÉ IMPÉRIALE ET ROYALE.

MUSIQUE ARRANGÉE ET COMPOSÉE
PAR M. BERTON,

Professeur au Conservatoire de Musique, et Chef du Chant de
l'Académie Impériale de Musique.

REPRÉSENTÉ, pour la première fois, sur le Théâtre de
l'Académie Impériale de Musique, le 28 avril 1812.

PRIX : 1 FRANC.

A PARIS,

CHEZ BACOT, LIBRAIRE, AU PALAIS-ROYAL.
galerie de bois, n.º 252, côté du Jardin.

DE L'IMPRIMERIE D'ADRIEN ÉGRON.

NOTE DE L'AUTEUR.

En travaillant au Ballet de l'*Enfant Prodigue*, j'ai été guidé par l'espoir de transporter au théâtre une partie des scènes intéressantes que le charmant poëme de M. CAMPENON renferme en si grand nombre. Le désir d'en retracer l'ensemble, autant que possible, m'a forcé de porter atteinte aux règles d'unité. Dans la pantomime, l'auteur est obligé de mettre tous les faits en action : l'exposition, le nœud, le dénouement ne peuvent se concevoir que par les yeux. Privé du secours des récits, qui jettent tant de clarté dans un ouvrage dramatique, je n'ai pu resserrer l'action de mon Ballet dans les limites de l'unité de temps et de lieu. Qu'il me soit permis, cependant, de faire remarquer que le peu de distance du pays de Gessen à Memphis rend moins invraisemblable la promptitude avec laquelle Azaël en parcourt l'intervalle. Quant à l'espace de temps nécessaire pour la durée présumée de l'action, j'avoue qu'il dépasse celui que la règle prescrit : mais j'ose réclamer, pour cette infraction, l'indulgence du Public en considération d'un genre qui ne peut être astreint aux lois sévères imposées à des ouvrages dont les ressources principales manquent entièrement à la pantomime.

PERSONNAGES.

RUBEN, vieillard, chef d'une tribu, père de Pharan et d'Azaël. ... M. MILON.

NEPHTALE, épouse de Ruben, et mère des mêmes. ... M.lle CHEVIGNY.

PHARAN, fils aîné de Ruben et de Nephtale (caractère jaloux). ... M. MÉRANTE

AZAEL, jeune fils des mêmes (Enfant prodigue). ... M. VESTRIS.

JEPHTÉLE, jeune Israélite (elle aime en secret Azaël). ... M.me GARDEL.

BALAC, vieux serviteur de Ruben. ... M. ÉLIE.

CALEB, son fils. ... M. MONTJOYE.

LIA, jeune Moabite. ... M.lle BIGOTTINI.

Son PÈRE, vieillard. ... M. GODEFROY.

Un ANGE. ... M.lle MARINETTE.

Trois ÉTRANGERS, intrigans. ... MM. { GOTON. FALCOZ. ROMAIN.

JEUNES VIERGES de Gessen.

PASTEURS, Vieillards et Enfans du pays de Gessen.

PRÊTRES égyptiens.

MINISTRES des Lois. ... MM. { VERNEUIL. GALLAIS. } Quatre comparses.

MAGISTRATS. ... MM. { L'EULIER. POUILLET. } Quatre comparses.

HABITANS des différentes parties de l'Égypte, de tous états, de tout âge et de tout sexe.

GARDES DE MEMPHIS, etc.

ESCLAVES NOIRS. ... MM. { BEAUPRÉ. MICHEL. COURTOIS. LEBLOND. GALAIS.

La Scène est à Gessen et à Memphis.

ACTE PREMIER.

Vierges de Gessen.

Mlles FANNY, MARESLIÉ cadette.

Mlles Albedel, Noderkor, Dupuis, Delphine, Narcisse, Podevin, Gosselin cadette, Virginie, Blanche, Pierret aînée, Nanine, Pivert.

Pasteurs.

M. ANTONIN.

Mlles RIVIÈRE, GOSSELIN aînée.

MM. Petit, Maze, Verneuil, Galais.

Mlles Adélaïde, Jacotot, Lequine, Bodesson.

MM. Dejazet, Guillet, Pupet, Simon aîné.

Mlles Cézarine, Matras, Féret, Pansard.

MM. Auguste, Eve, Gogot, Védi.

Mlles Fliger, Bertin, Angeline, Marianne.

Vieillards.

MM. Banse, Pouillet, Roudet.

Mlles Saint-Léger, Darmancourt, Lily.

Enfans.

MM. Brocard aîné, Legalois aîné, Vauglair, Pierret cadet, Raguaine, Leblond 2.^e

Mlles Aurely, Clotilde 2.e, Clotide 1.re, Barré, Daguin Julie Berry.

Jeunes Pasteurs jouant des instrumens.

MM. Fauchet, Josse, Aniel, Télémaque.

Mlles Betzy, Mangin, Molard, Lemière.

ACTE SECOND.

Habitans de Memphis.

M. ALBERT.

Mlles Clotilde, Fanny.

MM. Seuriot cadet, Beauglin, Châtillon, Bondet, Paul.

Mlles Adélaïde, Jacotot, Coulon, Lequine, Cézarine.

Moabites.

M. ANATOLE, Mlle GAILLET.

MM. Petit, Rivière, l'Enfant, Banse, Pupet.

Mlles Dejazet, Gosselin cadette, Naderkor, Virginie, Podevin.

Égyptiens noirs.

M. BEAUPRÉ, Mlle GOSSELIN aînée.

MM. Auguste, Eve, Gogot, Védi, Péquenx.

Mlle Fliger, Bertin, Angeline, Marianne, Baudesson.

Étrangers.

Mlle DELISLE.

M. Antonin, Mlle Rivière.

MM. Dejazet, Maze, Guillet, Auguste Toussaint, Simon
aîné.

Mlles Albedel, Delphine, Dupuis, Narcisse, Blanche.

Joueurs d'instrumens.

MM. Fauchet, Josse, Aniel, Télémaque.

Mlles Betzy, Mangin, Molard, Lemière.

ACTE TROISIÈME.

Pasteurs.

M. Albert, Mme Gardel, Mlle Fanny,
et tous les Personnages du premier Acte.

L'ENFANT PRODIGUE.

ACTE PREMIER.

Le Théâtre représente un site du pays de Gessen. Dans le fond, à la gauche du spectateur, s'élève une montagne dont les premiers plans sont garnis d'arbres, et dont le sommet semble annoncer le commencement d'un désert. A la droite, est une vallée qui se prolonge à l'infini. Sur l'un des côtés de devant est placée l'entrée de la principale tente de Ruben ; on y monte par deux ou trois marches ; un lit de gazon, ombragé de feuillages et de fleurs, se trouve devant cette entrée.

SCÈNE PREMIÈRE.

RUBEN, couché sur un lit de gazon, dort d'un sommeil paisible. Nephtale, dont l'attitude peint la tendresse, le regarde en silence. Pharan, Azaël, Balac et Caleb, admirent le vénérable vieillard, et des groupes de pasteurs des deux sexes le contemplent avec respect. Ils sont tous occupés à rafraîchir l'air qu'il respire, afin que rien ne trouble la tranquillité d'un sommeil que ses fatigues et son âge rendent nécessaire. Quelques pasteurs arrivent, par intervalles, en faisant résonner leurs instrumens champêtres ; mais ils se taisent et restent immobiles en voyant le vieillard endormi. Cependant Ruben s'éveille ;

il se leve, serre sa femme d'un bras, et tend la main à ses fils qui la couvrent de baisers. Le vieux serviteur, son fils et les pasteurs entourent cette famille intéressante. Ruben témoigne sa sensibilité à tous ses serviteurs ; ensuite il leur rappelle que ce jour est consacré aux sacrifices et à la fête des Semaines. Il leur ordonne d'aller au-devant des vierges de Gessen : ils obéissent, et Ruben entre dans sa tente.

SCÈNE II.

Nephtale reste avec ses deux fils : ses regards, ses prévenances, son amour, sont pour Azaël. Elle le suit des yeux ; elle épie ses mouvemens ; elle le comble de tendresse. Pharan voit avec douleur cette injuste préférence, et ne peut dissimuler le chagrin qu'il en ressent. Azaël est froid et insensible aux caresses de sa mère. Son air est distrait, sa démarche impatiente ; tout annonce que son esprit est occupé de quelque projet. Sa mère s'en alarme ; elle prie son fils de lui confier ses peines ; elle engage Pharan à joindre ses instances aux siennes ; mais plus irrité encore des preuves d'amour que sa mère prodigue à son frère, Pharan s'éloigne en peignant l'excès de sa jalousie.

SCÈNE III.

Nephtale, toute entière à son Azaël, ne s'aperçoit pas de l'absence de Pharan. Elle redouble ses instances, et toujours les yeux sur Azaël, elle appelle encore Pharan par ses gestes. Enfin, elle prend la main de son fils, la serre dans les siennes, et semble vouloir se jeter à ses genoux pour obtenir l'aveu qu'elle sollicite, lorsque l'arrivée du cortége empêche Azaël de répondre.

SCÈNE IV.

Au son d'une marche religieuse et pastorale, on voit défiler de jeunes pasteurs jouant des instrumens de diverses sortes. Ils sont suivis d'une foule d'habitans des campagnes : viennent ensuite les jeunes vierges; après elles des vieillards et des enfans. Quatre pasteurs portent un large autel formé de fleurs et de gazon, qu'ils placent au milieu de la scène. Pharan, le vieux serviteur et son fils, conduisent la victime qui doit être immolée. Chaque personnage apporte dans des corbeilles les prémices des moissons; des épis, des vignes en fleurs, des fruits, des tresses de rameaux. En plaçant ces corbeilles sur l'autel, ils en forment une pyramide. A la tête des vierges de Gessen, la charmante Jephtèle se fait

remarquer : ses regards, qui se portent sans cesse
sur Azaël, peignent le sentiment secret qu'elle
éprouve pour lui. Tout est disposé pour le sacrifice, et l'on n'attend plus que Ruben.

SCÈNE V.

Le respectable vieillard sort de sa tente. Il est
vêtu avec simplicité; mais sa démarche vénérable et sa tête blanchie par les années, le parent
et inspirent le respect. A son arrivée, tous les
Gesséniens se tournent vers lui et s'inclinent.
Ruben leur dit que c'est à Dieu seul que sont
dus ces hommages. Alors, se plaçant devant
l'autel, entouré de sa famille et de tous les personnages, il lève les bras au ciel, s'agenouille et
baisse la tête jusqu'à terre : tout le monde suit
son exemple. Ruben, après cette cérémonie, se
relève et retourne devant sa tente. Jephtèle et
les vierges dansent autour de la pyramide sur
un motif d'air simple, tandis que les pasteurs
dansent sur un motif plus marqué, et qui se
marie avec le premier. On s'anime par degrés,
et la danse devient générale. Jephtèle, par les
pas qu'elle forme, s'approche souvent, entraî-
née par un sentiment involontaire, d'Azaël,
qui semble ne pas la distinguer de ses compa-
gnes. Ses yeux se promènent indifféremment

sur toutes les jeunes vierges de Gessen. Sa mère
l'observe toujours avec un vif intérêt, et cherche
à discerner si ce n'est pas l'amour qui cause le
trouble où elle le voit. Pendant la fête, des serviteurs ont apporté la table du festin. Ruben s'y
place; Nephtale est à côté de lui; Pharan s'en
approche, mais Azaël n'y vient point. Nephtale
le cherche des yeux : elle parcourt les différens
groupes que forme la danse; mais c'est en vain.
Elle s'adresse à Balac, à son fils; personne n'a
vu disparoître Azaël. Elle prend Pharan par la
main, et le prie, dans le plus grand désordre,
de voler sur les traces d'Azaël, de le ramener
près d'un père qui l'aime et d'une mère qui l'a-
dore. Pharan voit encore avec douleur cet empressement; mais touché cependant de l'inquiétude de sa mère, il part à l'instant même. Ruben,
l'œil fixé sur Nephtale, pressent quelque malheur. Il réfléchit un moment; et prenant conseil
de sa prudence, il congédie la fête. Les vierges
et les pasteurs se retirent en dansant, sans se
douter du motif qui les prive du plaisir dont ils
jouissent. Jephtèle, plus intéressée que les autres au sort d'Azaël, reste la dernière : elle attache ses regards d'une manière si marquée sur
le sommet de la montagne, que Nephtale, dont
elle attire l'attention, y porte les yeux à son tour,
et aperçoit son fils.

SCÈNE VI.

Azaël parcourt des regards l'immensité des déserts. Ses gestes peignent l'envie de les traverser pour se rendre à Memphis, objet de tous ses vœux. Bientôt Pharan est près de son frère, et tente de le ramener; mais le ton impérieux qu'il emploie ne peut persuader Azaël qui s'éloigne; Pharan le suit. Nephtale, en voyant fuir Azaël, se livre à son désespoir; Ruben cherche à la rassurer. Elle veut gravir la montagne; Ruben, le vieux serviteur et son fils, s'y opposent. Cependant Nephtale est prête à s'échapper de leurs bras, lorsque Pharan ramène son frère et le force à descendre. Nephtale respire enfin; elle va au-devant de son fils chéri et le serre dans ses bras. Ruben prend un air sévère, et Pharan en paroît satisfait. Azaël, confus, embarrassé, se sent agité et du projet qui l'occupe, et de la crainte d'en faire l'aveu. Sa mère croit que l'amour cause le tourment d'Azaël; elle l'engage à lui ouvrir son âme, et lui promet de consentir à tout ce qui peut le rendre au bonheur. Elle l'interroge; mais il ne répond que par un geste qui peint combien il souffre. Nephtale en devient plus pressante, et sa douleur, ses larmes, décident enfin Azaël à déclarer qu'il ne peut plus vivre dans Gessen; que ce pays est pour lui une étroite prison; qu'il veut aller à Memphis, qu'il part... Mais avant il se jette aux pieds de son père, et lui demande sa bénédiction. Nephtale, frappée jusqu'au fond de son cœur, tend les bras à Azaël. Elle voudroit marcher vers lui, elle voudroit apaiser Ruben; mais elle chancelle; le vieux serviteur la soutient : Ruben reste un instant immobile, et pour toute réponse il donne l'ordre à Pharan de faire préparer promptement ce qui est nécessaire au départ d'Azaël. Pharan ne pouvant dissimuler sa joie, sort précipitamment.

SCÈNE VII.

Azaël, qui s'attendoit à de vifs reproches de la part de son père, est étonné de sa froide indifférence. Ruben le laisse dans cette situation pour aller au secours de Nephtale. Les forces de cette mère désolée reviennent; elle ne s'en sert que pour tenter encore de détourner Azaël, s'il est possible, d'un aussi cruel projet. Ses reproches sont si doux, ses plaintes si tendres, et ses larmes si abondantes, qu'Azaël attendri est prêt à faire le sacrifice de son voyage; mais Pharan trop prompt à suivre les ordres de son père, revient avec le cortége qui doit accompagner Azaël.

SCÈNE VIII.

A la vue de ces préparatifs de voyage Azaël
hésite encore; lorsque Pharan affecte de char-
ger l'un des chameaux des nombreuses bourses
d'or que Ruben donne à son fils. Alors Azaël
est tout entier rendu à son projet, et rien ne
pourra maintenant l'en détourner. Il voit l'empressement de son frère; mais loin de lui en
vouloir, il s'en applaudit. Brûlant de partir, le
jeune insensé va faire ses derniers adieux à
Ruben. Ce malheureux vieillard, sentant qu'il
est père, détourne les yeux un moment, regarde
encore son fils, et rentre dans sa tente pour cacher sa douleur.

SCÈNE IX.

Nephtale, au contraire, appelle Azaël et le
presse sur son cœur. Elle le quitte et le reprend
encore; mais jugeant inutiles toutes nouvelles
tentatives, elle ne se plaint plus; elle pleure
amèrement. Pharan s'éloigne pour éviter les
adieux. Enfin Azaël s'élance sur sa monture, et
fixant ses regards vers Memphis, il part, guidé
par le vieux serviteur. Le cortége gravit la montagne et disparoît dans le désert. Nephtale suit

des yeux son fils ingrat, jusqu'au moment où elle le perd entièrement de vue.

SCÈNE X.

Le désir d'apaiser Ruben si justement irrité, et le besoin de voir Azaël le plus long-temps possible, font hésiter un instant Nephtale; mais bientôt décidée, elle court sur le chemin de Memphis.

SCÈNE XI.

Jephtèle, qui est arrivée au moment où Azaël et son cortége passoient sur la montagne, et que ce départ imprévu a désespéré, s'approche et observe la mère de celui qu'elle aime. La voyant porter ses pas vers le désert, elle la suit rapidement; mais elle s'arrête un instant, surprise par l'obscurité qui précède toujours le vent si redouté en Egypte (le kamsin). Il ne tarde pas à se faire entendre d'une manière horrible. Cependant Jephtèle, certaine de tous les dangers que va courir Nephtale, et oubliant ceux qu'elle va courir elle-même, redouble de vitesse et vole sur ses traces.

SCÈNE XII.

Cette affreuse tourmente augmente et devient terrible. On voit accourir de tous côtés les fidèles serviteurs de Ruben, inquiets de leurs respectables maîtres. Ils arrivent tous à la porte de la tente.

SCÈNE XIII.

Ruben y paroît, demande Nephtale, et leur apprend qu'elle n'est point rentrée. Ils pensent tous qu'elle peut avoir suivi Azaël. Alors ils gravissent la montagne avec précipitation, et voient Nephtale presque mourante, soutenue, portée même par Jephtèle. A cette vue Ruben frémit; il va au-devant de sa chère Nephtale. Les serviteurs s'empressent de la ramener près de lui. (Le vent s'apaise par degrés.) Nephtale, foible et souffrante, dit à Ruben, en lui montrant Jephtèle, que sans le dévouement de cette courageuse Israélite elle périssoit dans le désert. Ruben attendri la regarde, lui tend les bras, et lui dit *qu'il l'adopte pour fille.* Jephtèle se prosterne; Ruben et Nephtale la relèvent et l'embrassent. Ruben veut qu'elles viennent prendre quelque repos, et tenant dans ses bras sa femme et sa fille adoptive, il marche vers sa tente. Après avoir jeté tous trois un regard de douleur sur le chemin de Memphis, ils rentrent. Les serviteurs s'éloignent, en peignant la sa-

tisfaction qu'ils éprouvent du salut de leur maî-
tresse, et leur admiration pour le dévouement
héroïque de Jephtèle.

FIN DU PREMIER ACTE.

~~~

ACTE SECOND.

(Le Théâtre représente une place publique de la ville de Memphis.
Le luxe égyptien y règne de toutes parts : les merveilles de l'art
de l'architecture brillent dans tous les monumens : l'un d'eux
est censé être la demeure d'Azaël).

SCÈNE PREMIÈRE.

Trois étrangers, vivant d'intrigues, et cherchant à profiter des fêtes d'Apis, pour duper les voyageurs qu'elles attirent toujours en foule à Memphis, arrivent ensemble. Ils se promettent de ne laisser échapper aucune occasion d'exercer leur coupable métier.

SCÈNE II.

Azaël paroît, suivi d'un grand nombre d'esclaves chargés de ses richesses. Il fait entrer sa suite dans l'habitation qu'il s'est fait réserver. A la vue de ces bourses d'or et de ces riches ballots, les trois intrigans montrent une joie extrême. Ils se jurent de s'attacher aux pas de cet opulent étranger; de tout employer pour s'en-

richir à ses dépens. Ils se retirent un peu pour
le bien observer. Le vieux serviteur fait ses
adieux à Azaël, et part en présageant les suites
malheureuses de l'inconséquence de son jeune
maître.

SCÈNE III.

Rien ne peut exprimer la vivacité avec laquelle Azaël parcourt des yeux tant de beautés
qui lui sont inconnues; il examine avec étonnement ces vastes monumens : ces jaspes, ces
granits, ces métaux qui brillent de toutes parts.
Tout est merveilleux pour lui, et ses gestes
peignent l'excès de son ravissement; il porte ses
regards du côté du pays de Gessen, et son air
dédaigneux prouve que la comparaison qu'il en
fait avec Memphis, n'est pas à l'avantage de
son pays natal. Les trois étrangers jugent qu'ils
auront peu de peine à duper ce jeune Israëlite.
Ils l'abordent avec des manières prévenantes;
et Azaël en y répondant, semble faire aussi la
différence de l'affabilité de ces étrangers avec
celle des pasteurs de Gessen. Ils lui demandent
si ce sont les fêtes d'Apis qui l'ont attiré à Memphis? A ce mot de fêtes, Azaël est enchanté; il
veut savoir l'époque, le lieu. A l'instant, ré-
pondent-ils; ici même le cortége va passer pour
se rendre au temple de Vulcain. Azaël regarde

de tous côtés. Déjà il brûle d'impatience, et l'attente des plaisirs le transporte. L'un des étrangers lui fait entendre que la simplicité de ses vêtemens n'est pas convenable pour une pareille journée. Il lui fait remarquer le sien, ceux de ses compagnons, et lui offre de lui en procurer un qui soit digne de ses richesses et de ce jour solennel. Azaël accepte avec reconnoissance, et l'étranger part, en faisant un geste d'intelligence à ses complices.

SCÈNE IV.

Les sons harmonieux du sistre se font entendre ; des groupes d'habitans , de toutes les parties de l'Egypte, arrivent sur la place , en dansant, chacun selon leur caractère, leur rang et leur âge. Ils viennent attendre le dieu Apis, qu'ils précèdent. Azaël ne cesse d'examiner cette variété de costumes , plus brillans les uns que les autres : ces danses, ces groupes, qui se renouvellent à tous momens , éblouissent ses yeux , et les sons des instrumens charment ses oreilles. Tout l'émeut, tout l'enchante ; mais les diverses sensations qu'il éprouve ne sont encore que le prélude de celles qu'il doit éprouver bientôt.

SCÈNE V.

Tous les personnages de la danse s'étant formés en groupes à l'un des côtés de la scène, on
voit paroître de l'autre, Lia, jeune Moabite,
que son père accompagne. Sa jeunesse, sa taille,
ses grâces et sa beauté frappent tous les regards,
et plus encore ceux d'Azaël. Dès ce moment il
n'a plus le délire vif et joyeux qu'il avoit eu jusqu'alors. Un sentiment plus profond a remplacé
ces légères émotions, et l'amour s'empare de
tous ses sens. Chacun s'approche de Lia, dont
le costume étranger excite la curiosité : on ad-
mire tour à tour ses longs cheveux relevés élé-
gamment avec un bandeau, les bracelets qui
parent ses jambes et ses bras, sa charmante ceinture, et son voile d'une blancheur éblouissante.
Lia s'apercevant qu'elle est l'objet de cet empressement, est embarrassée; par modestie elle se
cache avec son voile; mais, en se voilant du
côté où tout le monde s'approche, elle laisse à
découvert celui où se trouve Azaël, qui, profitant de cet heureux hasard, s'enivre du bonheur de la contempler. Cependant il semble
craindre les suites d'un feu qu'il ne connoît point
encore. Il veut fuir Lia; un pouvoir invincible
le ramène : plus il la voit et plus son amour
s'accroît. Lia paroît moins indifférente aux re-

gards passionnés de ce jeune étranger, qu'aux
regards curieux de tous les autres : cette nuance
cependant est presque imperceptible. C'est en
ce moment qu'Azaël se trouve honteux de son
simple vêtement, et qu'il se rappelle les conseils
de l'étranger. Il montre son impatience de ne
le point voir encore.

SCÈNE VI.

Tout le sert au gré de ses vœux ; l'étranger
arrive, suivi de plusieurs hommes qui portent
les nouveaux vêtemens, tant désirés. Ses deux
complices, qui n'ont pas quitté Azaël, s'empressent de lui faire remarquer l'arrivée de leur
compagnon, et l'engagent à venir se vêtir plus
dignement. Azaël enchanté ne tarde pas à ren-
trer, et Lia le suit des yeux.

SCÈNE VII.

Deux marches se font entendre : celle sur laquelle arrivent les ministres des lois, les prêtres,
les gardes et le dieu Apis, est d'un style religieux : l'autre, sur laquelle vient en dansant une
foule de peuple, est gaie et légère. Les ministres
et les prêtres portent des tablettes, des par-
fums, des vases, des trépieds, des lampes d'or.
Le peuple porte des fleurs et des instrumens.

A la vue du jeune Apis la joie s'empare de tous les personnages ; une danse générale s'exécute autour du dieu. Cependant les prêtres reprennent leur marche vers le temple de Vulcain, et tout le monde suit leurs pas.

SCÈNE VIII.

Azaël, vêtu magnifiquement, accourt sur la place : il cherche Lia et ne la voit pas. Il la demande à ses nouveaux amis ; mais au lieu de le satisfaire, ils le félicitent sur la beauté et la richesse de sa parure. L'impatience d'Azaël ne lui permet pas de les écouter. Il les prie, les conjure de le guider vers le temple. Ces intrigans s'excusent, et prétextent des affaires importantes : ils semblent vouloir s'éloigner. Azaël réitère ses prières avec tant d'instances, qu'après avoir eu l'air de s'en faire un mérite, ils se décident et ils partent ensemble.

(Le Théâtre change, et représente une autre partie de la ville de Memphis : le Nil coule dans le fond ; une espèce de parapet entoure le fleuve. Sur l'un des côtés, l'on voit le péristyle du temple de Vulcain *: ce péristyle s'avance en colonnades à jour sur le Théâtre, et l'on y monte par huit ou dix degrés.)

SCÈNE IX.

Le dieu Apis est déjà parvenu sous le péristyle du temple. Les ministres et les prêtres qui l'ac-

* Vulcain en Egypte. Les Chorégraphes [illegible]
[illegible] .

compagnent garnissent les degrés du parvis, et derrière eux le peuple se presse en foule. Le cortége pénètre dans le temple : le peuple veut y entrer; mais des gardes placés aux portes l'en empêchent. L'on entend toujours dans le temple des chants religieux, tandis que la gaîté de ceux du théâtre invite le peuple à se livrer à la danse. Lia reste avec son père sous le péristyle, et ses regards se promènent sur cette foule animée par le plaisir. Enfin le temple s'ouvre, Lia et son père y entrent, le peuple s'y précipite. Azaël, qui a vu de loin celle qu'il adore, fend la foule, et parvient bientôt dans l'intérieur du temple.

(Ici la musique de ce temple, qui prend un caractère de fête, fait juger que la cérémonie est terminée, et que les réjouissances sont commencées.)

SCENE X.

Les trois étrangers ont tenté de suivre Azaël, et deux sont prêts à entrer, lorsque le troisième les arrête, et les attire au bas des degrés. Là, ils se félicitent d'avoir rencontré ce jeune Israélite, ainsi que du parti qu'ils sauront en tirer; mais l'un d'eux, voulant hâter le succès de leur entreprise, fait entendre à ses compagnons que le jeu est le plus sûr moyen de parvenir promptement à leur but. Il leur montre des dés préparés de manière à le ruiner sans danger pour eux.

Ils veulent convenir de leurs faits ; mais ils sont interrompus par quelques personnages qui sortent successivement du temple, et qui se perdent en folâtrant dans la ville. Les trois étrangers voyant venir Azaël, se cachent pour épier le moment qu'ils jugeront le plus propice à l'exécution de leur dessein.

SCÈNE XI.

(Tandis que l'on prépare le festin dans le temple, la musique cesse, et le silence succède au bruit de la fête).

Azaël sort du temple, tenant Lia par la main : il la conjure de le suivre. Lia s'y refuse d'abord ; mais Azaël est si pressant, et son air est si doux, qu'elle finit par y consentir : décid' à faire l'aveu de l'amour qu'il ressent, Azaël est retenu cependant par une timidité dont son amour même est la cause. Lia embarrassée, paroît vouloir s'éloigner : ce mouvement remplit Azaël de crainte, le rappelle à lui-même, et lui fait perdre sa timidité. Pensant que s'il laisse échapper cette occasion, il ne la retrouvera peut-être jamais, il retient la jeune Moabite. Il veut parler, se trouble encore ; mais bientôt sa passion l'emporte, et ne pouvant plus se contenir, il apprend à Lia qu'il brûle pour elle du plus violent amour, et qu'elle tient son sort entre ses mains. Le feu qui brille dans ses yeux, l'ardeur avec laquelle il l'approche, font frémir la jeune Moabite. Azaël lui prend la main, et veut la presser sur ses lèvres ; mais Lia la retire vivement, et court vers le temple. Azaël la devance et l'arrête. Lia le menace alors d'appeler à son secours. Azaël lui dit que puisqu'il ne doit attendre aucun retour, elle peut partir, et qu'il va mettre un terme à son malheur, en se donnant la mort. Lia tremblante, marche vers lui, l'arrête presqu'involontairement, et soudain se retourne en cachant sa tête dans ses mains. Azaël commence à espérer ; il approche de la belle Moabite. Lia, émue à l'excès, cherche à s'éloigner de lui, et n'ose le regarder. Cependant elle détache doucement sa ceinture, la jette à Azaël, et voyant arriver les trois étrangers, elle se sauve dans le temple.

SCÈNE XII.

Azaël, au comble du bonheur, ne voyant pas les étrangers qui entrent aussi dans le temple, couvre de baisers ce premier gage de l'amour ; il l'appuie sur son cœur, et l'attache autour de lui.

SCÈNE XIII.

En ce moment les ministres et les prêtres, précédés et suivis des gardes, descendent les degrés, traversent le théâtre, disparoissent, et livrent le temple à la joie folle et bruyante, ordinaire dans ces sortes de fêtes.

SCÈNE XIV.

Déjà l'impatience gagne le bouillant Azaël ; il va au temple, revient, marche à grands pas, fixe les yeux sur le péristyle ; il fait voir que les plus courts instans sont des siècles pour lui. Il accuse Lia, se croit trompé, et ce soupçon l'accable au point qu'il est contraint à s'appuyer sur l'une des colonnes.

SCÈNE XV.

La jeune Moabite revient ; ses pas mal assurés, sa crainte et son émotion font connoître tout ce qui se passe dans son âme. Elle ne voit pas Azaël ; ses yeux le cherchent, et cherchent aussi à éviter quelque fâcheuse surprise. Elle descend ; mais à chaque pas elle chancelle : l'amour l'attire, et le devoir la retient. Azaël la voit enfin, vole au-devant d'elle, et veut la prendre dans ses bras ; mais elle s'y oppose, et lui fait entendre qu'elle ne consentira jamais à répondre à sa tendresse, s'il ne lui fait le serment de s'unir pour toujours à elle par des liens sacrés. Azaël, oubliant son père, son pays, et ne

voyant plus au monde que Lia, fait ce serment
avec un véritable enthousiasme. Alors la charmante Moabite se sent soulagée du doute qui
causoit son tourment. Elle donne sa main à
l'homme qu'elle croit à elle pour toujours. Azaël
se jette à ses pieds, prend cette main chérie, et
l'appuie sur ses lèvres. En se relevant, la ceinture d'Azaël se détache et tombe. Azaël et Lia
la ramassent ensemble; chacun désire l'avoir à
soi. Ils se la demandent, se la refusent, tentent
de la prendre, et finissent par s'enlacer de vingt
manières avec la ceinture, dont Azaël reste
possesseur.

SCÈNE XVI.

Le père de Lia, qui a été séparé d'elle dans le
tumulte de la fête, arrive en la cherchant avec
anxiété, au moment où les deux amans sont
enlacés par la ceinture de Lia. A cette vue la
colère succède à l'inquiétude. Il descend du
temple, tandis qu'Azaël tenant un des bouts de
la ceinture, s'éloigne, en invitant Lia à le suivre
sur les bords du Nil.

SCÈNE XVII.

Lia y semble disposée, lorsque son père la
retient, et l'accable de reproches. D'abord con-

fuse et tremblante, elle cherche à se justifier. Son père refuse de l'entendre, et veut l'entraîner pour la soustraire à sa honte. Lia, subjuguée par l'amour, déclare que les promesses qu'elle a faites, les sermens qu'elle a reçus d'Azaël l'enchaînent pour toujours. Son père alors, au comble du désespoir et de l'indignation, la maudit; et lui défendant de se montrer jamais à ses yeux, il fuit loin de Memphis, détestant le jour où il y amena sa coupable fille.

SCÈNE XVIII.

Lia, anéantie pendant quelques instans, ne peut courir sur les traces de son père. Revenue à elle-même, ses larmes coulent amèrement au souvenir de la malédiction dont il l'a frappée. Elle parcourt la place en cherchant à apercevoir son père : trompée dans cet espoir, elle n'a plus d'autre abri, d'autre consolation qu'auprès de son époux ; elle se ranime par cette pensée ; elle porte ses regards du côté par lequel Azaël est sorti, et se prépare à le joindre, lorsqu'une foule de femmes entrant sur la scène en dansant, la force à se réfugier du côté opposé.

SCÈNE XIX.

Toutes ces femmes se répandent sur la scène.

Leurs cheveux sont épars, leur danse plus que joyeuse, et le bruit qu'elles font, en frappant sur leurs instrumens, rappellent les bacchanales. Les unes sortent du temple, les autres y rentrent; les hommes arrivent à leur tour, et ajoutent encore au tumulte de cette réjouissance. Chaque homme prend une femme, danse avec elle, et ils rentrent tous dans le sein de la fête.

SCÈNE XX.

Une seule de ces femmes, la plus vive, la plus légère, se trouve par hasard délaissée; mais sa gaîté n'en souffre pas, et elle continue de danser.

SCÈNE XXI.

Azaël, cherchant Lia, est attiré par le bruit et par le désir de voir ces fêtes qu'on lui a tant vantées. Il arrive précipitamment; la jeune fille s'empare de lui, veut le contraindre à danser. Azaël refuse; elle voit la ceinture qu'il tient encore à la main; elle la lui dérobe adroitement et la fait voltiger de diverses manières. Azaël, inquiet parce qu'il pense à Lia, montre le désir de ravoir sa ceinture; mais la jeune fille s'esquive toujours. Son adresse, sa vivacité, son air enjoué séduisent Azaël. Il la regarde avec plai-

sir, lorsqu'une autre femme arrive, saisit la
ceinture, et danse avec la jeune fille. Elles entourent Azaël qui, profitant d'un instant favo-
rable, enlève sa ceinture ; mais deux autres
femmes qui se trouvent là au même moment,
s'en emparent à leur tour, et forment de nouveaux groupes. Azaël reste un instant indécis ;
bientôt emporté par l'attrait du plaisir, il danse
alternativement avec les unes et avec les autres.

SCÈNE XXII.

Lia, la malheureuse Lia revient pour chercher son amant. Quelle est sa surprise quand
elle le voit enchaîné par ces quatre femmes ! Son
désespoir ne peut se peindre. Elle veut arracher
son époux des bras de ses indignes rivales,
lorsqu'une troupe de ces bacchantes, se tenant
toutes par les mains, passe en sautant entr'elle
et Azaël. Alors elle monte les degrés du temple
dans le plus grand désordre. Azaël, qui né la
voit point, et qui paroît n'y plus penser, joue,
badine, court après toutes ces femmes, et semble y trouver un vif plaisir. Lia est indignée ;
son indignation augmente encore en voyant le
gage qu'Azaël tient de son amour, déchiré et
jeté aux pieds du perfide qui, loin d'en paroître
offensé, en rit et continue à poursuivre les

3

odieuses rivales de la sensible Moabite. Si cruel-
lement outragée, Lia ramasse sa ceinture en
fondant en larmes, et veut se réfugier dans le
temple, lorsque la foule qui en sort lui ferme le
passage. Lia, qui ne veut point être vue, n'a
que le temps de passer derrière les colonnes, et
de fuir dans la ville.

SCÈNE XXIII.

Tout le peuple inonde le théâtre, et se mêle
aux danses qui s'y exécutent. Les uns tiennent
des instrumens ; les autres des coupes qu'ils
vident en l'honneur du dieu Apis. On en présente une à Azaël, qu'il s'empresse d'accepter.
Enfin les trois intrigans jugent le moment fa-
vorable : l'un détache son écharpe et l'étend à
terre ; les deux autres s'asseyent dessus et jouent
entr'eux, tandis que le troisième, debout, les
regarde, et cherche à attirer celui qu'ils veulent
duper. Azaël, fatigué des danses, et la tête
échauffée, ne tarde pas à s'approcher. On l'invite à jouer ; il y consent, et bientôt il perd une
partie de ses richesses. Azaël paroît plus occupé
des femmes et de leur danse, que de sa perte :
cependant il recommence, perd encore, et les
dés préparés lui font perdre enfin toute sa for-
tune. L'imprudent Azaël dit à ces étrangers de

le suivre, qu'il va s'acquitter à l'instant. Le chagrin, les remords sont peints dans ses traits ; mais il est trop tard, et le mal est sans remède. Les intrigans qui l'accompagnent expriment leur perfide contentement.

SCÈNE XXIV.

Pendant cette scène les danses tumultueuses n'ont point cessé ; la ruine et le désespoir du jeune insensé n'ont pu distraire ce peuple en délire.

SCÈNE XXV.

Cependant plusieurs Egyptiens, arrivant de tous côtés, pâles, défigurés, la mort dans l'âme, changent bientôt ce délire en crainte et en désespoir. Ils apprennent au peuple que les eaux du Nil sont baissées, et que l'Egypte va être en proie aux plus affreux malheurs. On se porte en foule vers le fleuve, dont on aperçoit à peine les eaux. La frayeur est générale, et chacun s'apprête à fuir.

SCÈNE XXVI.

Lorsque des gardes, précédés de plusieurs magistrats, arrivent précipitamment portant un

édit qui bannit tous les étrangers de Memphis,
et qui ordonne, selon l'antique usage, qu'une
jeune fille soit condamnée à périr dans le fleuve
pour obtenir la crue des eaux. Toutes les femmes
tombent presque évanouies. Les gardes les entourent, et l'on se dispose à les faire tirer au sort,
lorsque Lia, qui a suivi les magistrats, s'avance
au milieu de la foule. Elle rassure ces mêmes
femmes qui lui ont enlevé son amant, et déclare, d'un air de douleur et de résignation à
la fois, qu'elle se sacrifie pour le salut de Memphis. Chacun exprime son étonnement, et cherche à pénétrer le motif qui peut lui faire prendre
une résolution aussi cruelle..... Lia ne leur laisse
pas le temps de témoigner leurs inutiles regrets;
elle vole vers le fleuve, monte sur le parapet,
et comme elle se dispose à faire une dernière
prière, sa fatale ceinture à la main, elle voit
Azaël qui arrive : ne pouvant supporter sa pré-
sence, à l'instant même elle se précipite dans les
flots. Cette prompte décision de Lia, à la vue
d'Azaël, ne laisse plus de doutes sur le motif de
son dévouement. Tout le monde se retourne du
côté de l'Israélite, en le regardant avec horreur.
Azaël, au comble du désespoir, du repentir et
du malheur, veut aller rejoindre celle qu'il a
tant aimée : on s'y oppose, et le Nil lui-même
gonflant ses eaux, semble le repousser. Alors
on perd toute retenue, on l'injurie, on l'accable

de reproches. Azaël croit trouver des protec-
teurs dans les magistrats; il les conjure de ne
pas souffrir que l'on ajoute à ses douleurs; mais
indignés eux-mêmes, ils le repoussent et le
chassent de la ville de Memphis.

FIN DU SECOND ACTE.

ACTE TROISIÈME.

(Le Théâtre représente un désert, où l'on voit plusieurs monticules
formés par les sables que les vents y entassent. Quelques arbres
desséchés sont sur les côtes.)

SCÈNE PREMIÈRE.

Une partie des étrangers bannis de Memphis
paroît. La fatigue et la chaleur les accablent ; ils
s'arrêtent pour voir passer leur immense caravane, qui défile à travers les monticules que
forment les sables, et qui va camper à peu do
distance. Ils envoient leurs esclaves noirs sur
les bords du Nil, remplir leurs outres déjà des-
séchées. Les esclaves retournent sur leurs pas,
et leurs maîtres rejoignent la caravane.

SCÈNE II.

Azaël arrive d'un pas incertain. Il est convert
de poussière. Dévoré de remords, désespéré de
survivre encore à sa honte, la mort est sur ses
traits, les tourmens dans son cœur. Le plus

léger bruit l'alarme : il n'ose tourner ses yeux
mourans vers Memphis : il croit toujours entendre la voix plaintive de celle dont sa légèreté
a causé la mort, et son cœur se déchire. Chaque instant lui paroît être le dernier de sa vie.
Que va-t-il devenir ? seul dans un désert, sans
secours, repoussé de la nature entière; errant
sans but, sans espérance, trahi par ses amis,
ingrat, parjure, couvert d'opprobre; toutes ces
idées l'accablent à la fois! Il voudroit se soula-
ger par des pleurs; mais ses yeux s'y refusent.
Privé de toute espèce d'alimens, il sent éva-
nouir le peu de force qui lui reste ; ses yeux se
ferment, et il tombe de foiblesse sur le sable.

SCÈNE III.

Les esclaves ayant rempli leur mission, reviennent et se dirigent vers le camp. L'un
d'eux, apercevant un homme couché sur la
terre, appelle ses camarades. Ils viennent, posent
leurs outres, et s'empressent de secourir cet
étranger. Ils le relèvent, le regardent, et tout
leur fait craindre qu'il n'existe plus. Cependant
celui qui l'a aperçu le premier, essaie, tandis
que les autres le soutiennent, de verser sur ses
lèvres l'eau rafraîchissante du Nil, et tous, les
yeux fixés sur lui, attendent l'effet de ce breu-
vage; mais c'est en vain. Ils essaient de nou-

veaux secours pour le rappeler à la vie; alors
l'infortuné Azaël ouvre les yeux. La joie des
esclaves est extrême quand ils le voient se
ranimer par degrés. Azaël se jette aux genoux
du premier qu'il aperçoit : cet esclave se jette
aux siens et les embrasse. Les autres imitent
leur camarade, et tous à genoux ils se serrent
étroitement autour d'Azaël. Ils sont dans un tel
ravissement, qu'à peine ont-ils la force de se
relever. Cependant l'un d'eux, croyant rendre
un plus grand service à l'étranger, propose d'aller au camp chercher ses maîtres. Les autres
l'approuvent : il prend son outre; puis réflé-
chissant que sans elle il courra plus vite, il la
pose à terre et part comme un trait.

SCÈNE IV.

Azaël témoigne sa reconnoissance, par les dé-
monstrations les plus expressives, à ceux qui
l'ont rappelé à la vie. Pour la première fois il
regrette ses richesses, dont il pourroit en ce
moment faire un si digne usage.

SCÈNE V.

L'esclave qui étoit allé au camp, revient aussi
vite qu'il étoit parti; il fait entendre en sautant
de joie, que ses maîtres le suivent. Les étran-

gers arrivent avec empressement, curieux de voir le malheureux sauvé par leurs esclaves. La situation affreuse du pauvre Azaël touche le cœur de ces étrangers : ils lui prodiguent des secours et des consolations de tout genre. Le teint pâle et livide d'Azaël le rend méconnoissable aux yeux des étrangers; mais Azaël les reconnoît tous. Sa douleur s'en augmente, et il met tous ses soins à leur cacher ses traits. Les étrangers se proposent entre eux de l'emmener au camp; mais l'un d'eux, celui même qui a le plus contribué à la perte d'Azaël, s'approche de lui, l'examine de plus près, arrête d'un geste ses compagnons, prend le bras d'Azaël, le force à se retourner, le fixe et dit vivement : c'est lui, c'est cet étranger, cet Azaël enfin, dont les crimes nous ont fait chasser de Memphis, et qui est cause de nos malheurs! Chacun le regarde, le reconnoît et recule épouvanté. Alors, ni les pleurs, ni les prières d'Azaël ne peuvent toucher ces étrangers. Ils le traitent avec la plus grande cruauté : ils déchirent et arrachent ces vêtemens somptueux qui leur rappellent son luxe insolent, et ses odieuses actions. Ils le couvrent des lambeaux de l'esclavage, et après l'avoir menacé de toute leur colère, s'il ose faire un pas vers le camp, ils partent et l'abandonnent. Azaël veut se réfugier dans les bras des esclaves qui naguère lui ont donné tant de preuves d'intérêt; mais à l'exemple de leurs maîtres, ils le repoussent et s'éloignent en l'accablant de mépris.

SCÈNE VI.

Cette scène cruelle, qui avilit au dernier degré le fils de Ruben, redouble son désespoir, et son unique désir est la mort : la tête perdue, il cherche les moyens d'en avancer l'instant, et pensant à Lia, il se décide à se jeter dans le fleuve. Il y court; mais s'arrêtant soudain il regarde le ciel, lève les bras vers lui, se prosterne et prie Dieu de pardonner les fautes que sa jeunesse et son inexpérience lui ont fait commettre. Quel miracle s'opère en ce moment !... Le calme succède aux tourmens d'Azaël : des sons célestes se font entendre : le ciel se colore, s'entr'ouvre, et laisse voir un ange. Cet envoyé de Dieu regarde le jeune Israélite, et prend pitié de l'état dans lequel il le voit : ses remords sincères ont trouvé grâce devant l'Eternel, et l'ange dirigeant un rayon de sa lumière sur Azaël, l'attire et le conduit par une force invincible. Il traverse majestueusement les airs et disparoît, ainsi qu'Azaël.

(Le Théâtre change, et représente la vaste tente de Ruben : sur le devant sont plusieurs portières qui conduisent à d'autres tentes.

Le fond est entièrement ouvert, et l'on voit plusieurs coteaux couverts de vignes, de blés, d'arbres chargés de fruits, de cascades d'une eau limpide qui se forment en bassins, et tout ce qui peut enfin donner une idée des riantes et fertiles campagnes de Gessen.)

SCÈNE VII.

Nephtale et Jephtèle sortent de l'une des tentes. Toutes deux sont occupées du même but : toutes deux regrettent Azaël : toutes deux se désolent de ne le point voir, et font de vains efforts pour se consoler mutuellement. Pharan, qui les observe, fait sentir que l'éloignement de son frère n'a point encore affoibli la jalousie qu'il lui cause.

SCÈNE VIII.

Ruben, suivi de Caleb, s'avance vers Nephtale en lui tendant une main qu'elle prend et qu'elle appuie sur son cœur. Ruben se retourne, et présente l'autre à sa fille adoptive, qui la baise avec respect. Pharan, à qui Ruben n'a fait qu'un geste de tête, en paroit encore blessé. Le vieillard, que rien ne peut distraire de la cruelle absence d'Azaël, dit à son jeune serviteur de voler sur la route de Memphis, de questionner tous les voyageurs sur le sort de son Azaël, et de les amener même sous sa tente hospitalière. Le jeune homme s'incline et part avec rapidité.

SCÈNE IX.

Ruben ordonne à Pharan de faire commencer les travaux, et conduit par sa femme et par la jeune Israëlite, il va s'asseoir de manière à fixer toujours les yeux sur la route que son jeune serviteur a prise. Pharan se plaint, à part, de se voir réduit aux peines et aux travaux, tandis que son frère ingrat ne cesse d'être l'objet des regrets de Ruben et de Nephtale. Cependant il faut qu'il obéisse.

SCÈNE X.

Il fait un geste : tous les pasteurs accourent, et par l'ordre de Pharan se dispersent sur les coteaux et dans la campagne. On les voit s'occuper diversement : les uns taillent la vigne ; d'autres coupent les blés ; de jeunes filles remplissent de fruits leurs corbeilles, tandis que des garçons puisent de l'eau dans les bassins que les cascades alimentent. Pharan préside à ces rustiques travaux, et il fait serrer les différentes récoltes dans les tentes destinées à cet usage. Pendant cette scène, Ruben, Nephtale et Jephtèle, ont toujours porté les yeux sur le chemin de Memphis. A tout moment ils sembloient concevoir quelqu'espoir; à tout moment cette lueur d'espérance s'évanouissoit. Enfin, Ruben perd patience; il se lève. En pensant à l'excès de ses bontés pour Azaël, il se reproche sa foiblesse, sa générosité même, pour cet ingrat qui l'abandonne aux derniers momens de sa vie. Nephtale et Jephtèle font tous les efforts que peuvent suggérer l'amour maternel et la tendresse pour apaiser un père justement irrité. Elles lui rappellent la promesse qu'il a faite de pardonner, si le repentir rameноit ce fils égaré. Ruben, au désespoir, gémit d'avoir trop vécu.

SCÈNE XI.

Jephtèle a jeté les yeux sur la campagne pendant cette scène; elle a vu revenir le jeune messager accompagné d'une espèce d'esclave : elle s'en est approchée; et bientôt son cœur lui a dit que ce misérable est Azaël. L'état affreux dans lequel il est l'accable : le bonheur de le

revoir l'enchante : l'idée de l'effet que sa pré-
sence va produire sur Ruben et sur Nephtale
la fait frémir : elle court à eux, veut les pré-
venir, se relient, et reste enfin dans une im-
mobilité extérieure qui doit cependant laisser
comprendre tout ce qui se passe en elle.

SCÈNE XII.

Azaël, qui regarde Ruben et Nephtale avec
autant d'avidité que de crainte, remarque bien
l'intérêt que Jephtèle semble prendre à lui ; mais
un autre intérêt plus puissant l'attire : ne pouvant résister plus long-temps au besoin d'obtenir
son pardon ou de mourir aux pieds de son père,
il tombe le front sur la poussière et dit : je suis
ce misérable que vous devez maudire ; ce fils
ingrat qui fait couler vos pleurs ; cet indigne
enfant du plus respectable père. Ruben, ému
jusqu'au fond de l'âme, fixe les yeux sur ce
malheureux qu'il peut à peine encore recon-
noître. Mais Nephtale!.... quelle agitation s'empare de tous ses sens ! l'amour maternel, l'in-
certitude, la piété, se peignent tour à tour sur
ses traits et dans ses mouvemens. Elle ne sait si
elle existe ; si c'est un songe ; elle approche,
regarde Azaël ; elle cherche à découvrir les

traits chéris de son fils; ses yeux n'en retrouvent aucun; mais un sentiment plus certain lui parle et ne peut la tromper. Elle le prend dans ses bras, non pour satisfaire sa propre tendresse, mais pour le conduire dans ceux de son père. Ruben l'y reçoit et le serre sur son cœur paternel. Apercevant Pharan, que Caleb vient d'amener, et qui s'est détourné à la vue de son frère, Ruben s'approche en portant, pour ainsi dire, Azaël : il prend Pharan de l'autre bras, et jouit enfin du bonheur d'embrasser ses enfans. Ce respectable vieillard dit à Pharan d'appeler tous les habitans de sa tribu, afin qu'ils viennent prendre part à sa joie. Azaël remarque alors Jephtèle, toujours immobile, mais dont la figure peint le ravissement. Elle aperçoit les regards qu'Azaël a portés sur elle et se trouble. Azaël demande à son père quelle est cette jeune fille qui paroît si touchée de son bonheur ? Ruben lui explique rapidement les soins pieux qu'il a reçus d'elle, ainsi que Nephtale, dont elle a sauvé la vie. Azaël exprime sa reconnoissance à Jephtèle. Ruben dit à son fils que, si son repentir est durable autant que sincère, Jephtèle sera sa récompense, et qu'il prétend confirmer ainsi l'adoption de cette aimable Israélite. Pendant cette scène, Pharan a rassemblé les habitans de Gessen ; ils arrivent en foule et paroissent au comble de la joie à la vue d'Azaël. Au moment où Ruben et Nephtale bénissent leurs enfans, les pasteurs, groupés sur les collines et à l'entrée des tentes, forment un tableau général.

FIN.

DE L'IMPRIMERIE D'A. ÉGRON (1812.)

rue des Noyers, n.º 49.

286

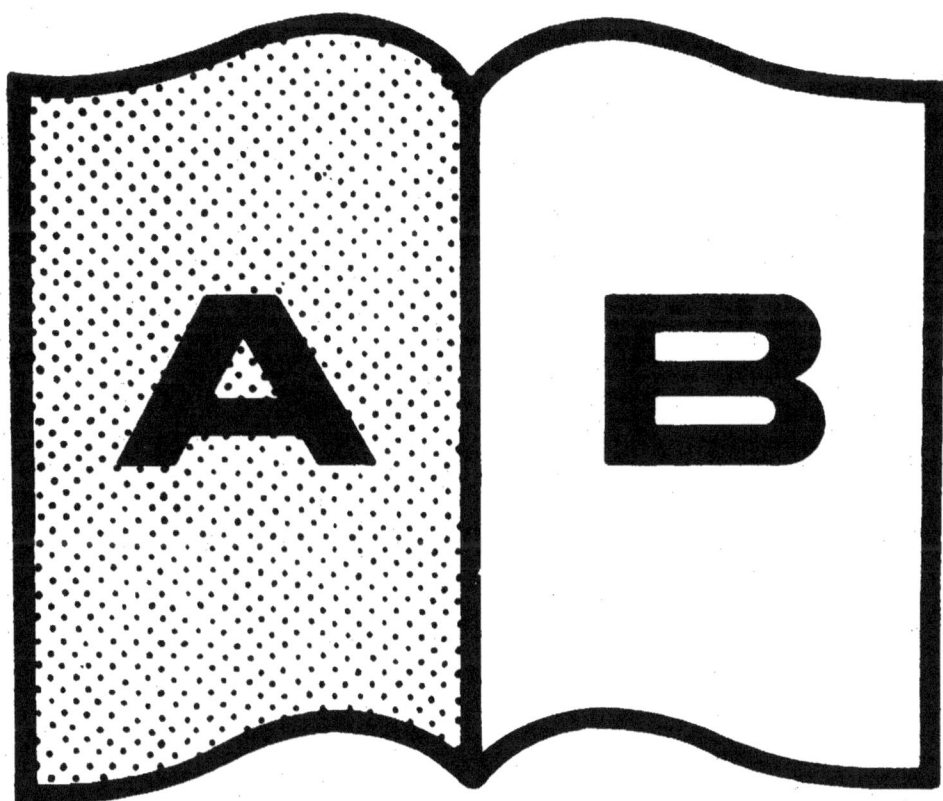

Contraste insuffisant

NF Z 43-120-14

www.ingramcontent.com/pod-product-compliance
Lightning Source LLC
LaVergne TN
LVHW022205080426
835511LV00008B/1593